_____ 님께 새롭고 눈부신 아침을 선물합니다.

_____ 년 _____ 월 _____ 일 _____ 드림

하루 5분 아침 필사

내 삶을 바꾸는 100일 습관
하루 5분 아침 필사

초판 1쇄 발행 2022년 2월 14일
초판 5쇄 발행 2025년 8월 5일

지은이 | 김정민
펴낸이 | 金滇珉
펴낸곳 | 북로그컴퍼니
책임편집 | 전설
디자인 | 김승은
주소 | 서울시 마포구 와우산로 44(상수동), 3층
전화 | 02-738-0214
팩스 | 02-738-1030
등록 | 제2010-000174호

ISBN 979-11-6803-026-8 13190

· 잘못된 책은 구입하신 곳에서 바꿔드립니다.
· 이 책은 북로그컴퍼니가 저작권자와의 계약에 따라 발행한 책입니다. 저작권법에 의해 보호받는 저작물이므로, 출판사와 저자의 허락 없이는 어떠한 형태로도 이 책의 내용을 이용할 수 없습니다.

○ 내 삶을 바꾸는 100일 습관 ○

하루 5분 ___ 아침 필사

북로그컴퍼니

| 프롤로그 |

당신의 아침이 값지기를
그리하여 오늘이 행복하기를

2000년대 초반, 출판계에 돌풍을 일으킨 한 권의 책이 있습니다.《아침형 인간》(사이쇼 히로시 | 한스미디어)이란 제목의 책입니다. 저는 그 책을 읽어보지 않았습니다. 왜냐, 전 '아침형 인간'이 아니며 앞으로도 아침형 인간이 될 생각이 없기 때문이죠. 아니, 좀 더 정확히 말하자면 제 생체 리듬이 아침형 인간과 맞지 않다는 걸 잘 알고 있기 때문입니다.

제가 고등학교 3학년일 때, 다니던 학교에는 '0교시'가 있었습니다. 아침 7시부터 시작되는 수업 시간에 맞춰 기상하고 등교해야 했지요. 하지만 얼마 못 가 저는 쓰러지고 말았습니다. 아침에 일찍 일어나는 게 도무지 몸에 맞지 않았던 까닭입니다. 담임 선생님께서는 그런 저를 8시 30분까지 등교할 수 있게 배려해주셨습니다. 그래야 이후 수업을 감당할 수 있었기 때문입니다.

이런 저이기에 《아침형 인간》이란 책이 나왔을 때, 그 책을 읽고 너도나도 아침형 인간으로 살자고 외치는 분위기 속에서도 그 대열에 낄 수 없었습니다.

20년이 흐른 최근 서점가에는 새벽 시간의 활용에 대한 책들이 나오고 있더군요. 아침도 아닌 새벽이라니, 무의식 속에서 살짝 거부감이 들었습니다. 하지만 많은 이들이 자극을 받고 실행에 옮기고 있습니다. 새벽 기상 덕분에 서너 시간을 벌었다는 사람들의 이야기도 종종 들려옵니다. 참 대단하다는 생각이 들었습니다. 그래도 저는 그 대열에 낄 수 없음을 알기에 그저 응원만 하자는 마음입니다.

긴 이야기를 통해 제가 아침형 인간으로 살 수 없음을 이야기한 이유는, 역설적이게도 아침 시간의 중요성을 말하기 위함입니다. 아침의 사전적 의미는 날이 새면서 오전 반나절쯤. 그러니까 대략 오전 9시까지를 가리킵니다. 그런데 몇몇 작가나 아티스트들은 밤샘 작업을 하고 오후나 초저녁에 기상하는 경우도 있습니다. 그들에게 아침은 다른 이들의 오후입니다. 하여 저는 아침을 '눈을 뜨는, 기상을 하는' 시간으로 정의하고 싶습니다. 누군가에게는 새벽이 될 수도 있고, 또 누군가에는 이른 오전이 될 수도 있고 또 누군가에게는 오후나 초저녁이 될 수도 있습니다.

이렇게 다양하게 규정한 아침에 눈을 떠 처음 하는 생각이 어떠냐에 따라 그 하루는 좋은 날이 되기도 하고 얄궂은 날이 되기도 합니다. 부정적인 생각과 불안한 마음으로 오늘을 시작한다면 그날은 회색빛이 되겠지요. 기분 좋은 생각, 긍정적인 생각, 감사하는 마음, 사랑이 넘치는 마음을 가지고 시작한 하루는 덩달아 좋은 일이 많아집니다.

저는 세 권의 필사책을 냈습니다. 아들러의 메시지를 재해석한《오늘, 행복을 쓰다》와 감정을 어떻게 다룰지에 대한《오늘, 마음을 쓰다》그리고《헤세의 인생공부》가 그것입니다. 저는 그 누구보다 필사의 힘을 잘 알고 있습니다. 필사를 통해 마음의 병과 상처를 치유했고 인생이 바뀌었으니까요. 하여, 많은 분이 쉽고 지속적으로 필사를 하면 좋겠다는 생각을 합니다. 문학작품 속 아름다운 글귀를 필사하는 것도 좋지만 하루를 시작하는 아침에 만나면 더없이 좋을 짧은 명문장을 필사한다면 그 하루가 참 좋아지겠다는 생각입니다.

그러다 필사만 하는 건 조금 아쉽다는 생각이 들었습니다. 고민 끝에 좋은 글귀를 읽으며 아주 쉽게 수행할 수 있는 미션을 준비했습니다. 그리고 오늘을 살아갈 나에게 주는 응원 한 마디와 어제를 잘 살아낸 나를 칭찬하고 내일의 나를 위한 약속을 쓸 수 있는 페이지를 마련했습니다. 이를 통해 좀 더 나아지고 성장하는, 좀 더 여유로워지고 깊어지는 나를 만들 수 있을 것입니다.

이미 고백했듯이, 저는 아침형 인간이 아닙니다. 학교 다닐 때도 직장 생활을 할 때도 지각 대장이었습니다. 지금도 마찬가지입니다. 그러나 언제 눈을 뜨든 짧게나마 명상을 하며 내 호흡을 살피고 밤새 자느라 굳은 내 몸을 살핍니다. 그런 후 오늘 하루를 어떠한 마음가짐으로 살아갈지, 나 스스로에게 미션을 던집니다. 예를 들어 누군가와 갈등을 겪고 있는 중이라면 오늘은 그 사람에게 무조건 감사하는 마음을 가지고 '고맙습니다'는 말을 해보자는 다짐을 하는 식입니다. 그런 다짐을 한 날은 갈등이 줄어듭니다. 내 마음이 이미 그렇게 하겠노라, 마음먹고 하루를 시작했기 때문입니다.

이 책을 만난 분들의 아침이 값진 시간이 되기를 바랍니다. 그리하여 오늘이

라는 시간이 행복하기를 바랍니다. 또 그리하여 삶이 더 깊어지고 넓어지기를 바랍니다. 누구에게나 삶은 단 한 번입니다. 그 단 한 번의 삶은 오늘의 총합입니다. 오늘이 어떤 날이 되느냐는 아침 시간을 어떻게 채웠느냐에 따라 달라집니다. 긴 시간이 필요하지 않습니다. 단 5분만 그대의 미래를 위해 투자해보세요.

누구나의 삶이 매일 한 뼘씩 성장하길 바라며
2022년 1월 김정민 드림

이 책의 사용법

> 아침에 아주 작은
> 긍정적인 생각을 갖는 것만으로도
> 그대의 하루가 달라질 것이다.
>
> 달라이 라마 Dalai Lama*

아침에 아주 작은
긍정적인 생각을 갖는 것만으로도
그대의 하루가 달라질 것이다.

— 달라이 라마

* 전 세계에서 영적 스승으로 존경받는 티베트의 정신적 지도자

① 하루 1필사

아침에 눈을 뜨면 제일 먼저 책을 펴 오늘의 문장을 읽어보세요. 그리고 천천히 따라 적어보세요. 톨스토이·아리스토텔레스·세종대왕·생텍쥐페리 등 세계적인 대문호, 철학자, 아티스트의 삶에서 찾아낸 명문장들이 몸과 마음에 긍정적인 에너지를 가득 불어넣어줄 거예요.

② 하루 1미션

필사 문장과 이어지는 내용으로 아주 쉽게 수행할 수 있는 미션들을 준비했습니다. 100일 동안 매일매일 무언가 해내고 성공하는 경험을 해보세요. 아주 작은 성공들이 나의 자존감을 더 단단하게 만들어줄 겁니다.

③ 하루 1칭찬

어제의 내가 '잘한 일'을 칭찬해주세요. 아주 작은 일, 일상적이고 사소한 일 등 그게 무엇이든 좋습니다. 스스로가 얼마나 대견하고 대단한지 인정하고 나 자신에게 "잘했어."라는 말을 들려주세요.

> 아침에 미션 하나 ☀
> 오늘 하루 나와 함께 할
> 긍정적인 생각을 쓰세요.
>
> 괜찮아. 다 잘 될 거야.
> 하늘이, 땅이, 우주가
> 그리고 엄마가 내 편이니까!

> 어제의 나를 ☀
> 칭찬해주세요.
>
> 해야지, 해야지 하면서
> 까먹고 미뤄두었던
> 책장 정리를 끝냈다!
> 때론 이런 작고 사소한 일이
> 더 대단하게 느껴진다.
> 어제의 나 아주 칭찬해!

해(☀) 표시가 있는 건 아침에 쓰세요. **달(🌙) 표시가 있는 건 잠들기 전에 쓰세요.**

> 오늘의 나를 ☀
> 응원해주세요.
>
> 오늘 해야 할 일이 좀 많아.
> 으악 언제 다 해... 싶겠지만!
> 다 끝나고 나면 개운할 거야.
> 그럼 그때 맛있는 걸 먹자!

> 내일의 나에게 🌙
> 약속해주세요.
>
> 내일은 10분만 일찍 일어나자.
> 늘 1~2분이 모자라
> 쫓기는 아침에
> 10분의 여유가 생길 수 있도록!

④ 하루 1응원

하루를 시작하기 전, 오늘의 나를 응원해주세요. 많은 사람들에게 응원을 받을 때면 없던 기운도 솟아나지요? 그 모든 응원 중 내가 나에게 건네는 응원의 힘이 가장 세다는 걸 기억하세요.

⑤ 하루 1약속

하루를 마무리하며 내일을 위한 약속, 마음가짐, 준비사항 등을 적어보세요. 더 좋은 날을 만들기 위해 준비하는 사람은 늘 행복하고 여유로운 내일을 맞이할 수 있답니다.

차례

프롤로그 ———————————— *4*
이 책의 사용법 ———————————— *8*

1장 ———————————— *12*

나는 오늘을
좋은 날로 만들기로
결정했습니다

2장 ———————————— *64*

네가 다시 울며 가는 것은
네가 꽃피워낼 게 있기 때문이야

3장 _____ 116

네가 세상에 나올 때
너는 울었지만,
사람들은 웃었다

4장 _____ 168

새로이 시작하는 용기 속에
그대의 천재성과 능력과 기적이
모두 숨어 있다

1장

**나는 오늘을 좋은 날로
만들기로 결정했습니다**

> 아침에 아주 작은
> 긍정적인 생각을 갖는 것만으로도
> 그대의 하루가 달라질 것이다.

달라이 라마 Dalai Lama*

* 전 세계에서 영적 스승으로 존경받는 티베트의 정신적 지도자

DATE   년   월   일   요일   **am**

아침에 미션 하나 ☀
오늘 하루 나와 함께 할
'긍정적인 생각'을 쓰세요.

어제의 나를 ☀
칭찬해주세요.

오늘의 나를 ☀
응원해주세요.

내일의 나에게 ☾
약속해주세요.

> 서두를 필요가 없습니다.
> 재치를 번뜩일 필요도 없습니다.
> 자기 자신이 아닌
> 다른 사람이 되려고 할 필요도 없습니다.
>
> 버지니아 울프 Virginia Woolf*

* 20세기를 대표하는 모더니스트이자 페미니스트 소설가

DATE　　　　년　　월　　일　　요일　　　　am

아침에 미션 하나

자기 자신이 된다는 것은
삶을 주체적으로
산다는 것입니다.
다른 사람에게 의지하지 않고
내가 주인이 되는 삶을
살고 있는지 생각해보세요.

어제의 나를
칭찬해주세요.

오늘의 나를
응원해주세요.

내일의 나에게
약속해주세요.

> 행복한 일은 매일 있어.
> 우리는 단지
> 그걸 알아차리기만 하면 되는 거야.

앤 윌슨 섀프 Anne Wilson Schaef*

* 심리 치유와 페미니즘 분야에서 다수의 책을 쓴 임상 심리학자

DATE   년   월   일   요일   **am**

아침에 미션 하나 ☀
어제 가장 행복했던 일은 무엇이었나요?

어제의 나를 ☀
칭찬해주세요.

오늘의 나를 ☀
응원해주세요.

내일의 나에게 ☾
약속해주세요.

> 우리는 모두 꿈이 있다.
> 꿈을 현실로 만들기 위해서는
> 엄청나게 많은 결단과 헌신,
> 자기수양과 노력이 필요하다.

제시 오언스 Jesse Owens*

* 인종차별을 이겨내고 올림픽 첫 4관왕을 달성한 달리기 영웅

DATE   년   월   일   요일   am

아침에 미션 하나 ☀
꿈을 향해 전속력으로 달려본 적 있나요?
언제, 무엇이었을까요?

어제의 나를 ☀
칭찬해주세요.

오늘의 나를 ☀
응원해주세요.

내일의 나에게 ☾
약속해주세요.

> 여왕처럼 생각하라.
> 여왕은 실패를 두려워하지 않는다.
> 실패는 위대함으로 가는
> 또 하나의 디딤돌이다.

오프라 윈프리 Oprah Winfrey*

* 자신의 이름을 내건 토크쇼로 유명한 세계적인 방송인

DATE   년   월   일   요일   **am**

아침에 미션 하나
실패를 통해 무언가를 배운 적이 있나요? 무엇이었나요?

어제의 나를
칭찬해주세요.

오늘의 나를
응원해주세요.

내일의 나에게
약속해주세요.

> 모든 일에 있어서
> 시간이 부족하지 않을까를 걱정하지 말고
> 내가 마음을 바쳐 최선을 다할 수 있을지
> 그것을 걱정하라.
>
> 정조대왕*

* 역사상 최고의 개혁군주로 칭송받는 조선의 제22대 왕

DATE   년   월   일   요일   **am**

아침에 미션 하나 ☀

마음을 바쳐
최선을 다해야 할 일은
무엇인가요?

어제의 나를 ☀

칭찬해주세요.

오늘의 나를 ☀

응원해주세요.

내일의 나에게 ☾

약속해주세요.

> 선한 삶에 대해 이야기하는 것은 물론이고
> 선행을 실천하는 것도 중요하다.
>
> 탈무드 Talmud*

* 유대교 율법학자들이 사상에 대하여 구전·해설한 것을 집대성한 책

DATE   년   월   일   요일   am

아침에 미션 하나 ☀
내가 오늘 행할 선행을 쓰세요.

어제의 나를 ☀
칭찬해주세요.

오늘의 나를 ☀
응원해주세요.

내일의 나에게 ☾
약속해주세요.

> 반드시 해야 하는 일부터 하라.
> 그런 다음 할 수 있는 것을 하라.
> 그러면 불가능하다고 생각했던 것을 해내고 있는
> 자신을 발견하게 된다.
>
> 아시시의 성 프란체스코 San Francescod'Assis*

* 프란체스코회의 창립자로 평생을 청렴하게 산 가톨릭 성인

DATE　　　　년　　월　　일　　요일　　**am**

아침에 미션 하나 ☀
오늘 반드시 해야 할 일은 무엇인가요?

어제의 나를 ☀
칭찬해주세요.

오늘의 나를 ☀
응원해주세요.

내일의 나에게 ☾
약속해주세요.

> 미래는 많은 이름을 갖고 있다.
> 약한 자에게는 '도달할 수 없는 것'
> 두려워하는 자에게는 '알려지지 않은 것'
> 용감한 자에게는 '기회!'

빅토르 위고 Victor Marie Hugo*

* 19세기 프랑스 낭만주의를 대표하는 시인이자 소설가이자 극작가

DATE 　　　년　　월　　일　　요일　　**am**

아침에 미션 하나 ☀
나의 미래에는 어떤 이름을 붙여주고 싶나요?

어제의 나를 ☀
칭찬해주세요.

오늘의 나를 ☀
응원해주세요.

내일의 나에게 ☾*
약속해주세요.

> 당신이 가지고 있는 것에 감사하라.
> 만약 당신이 지금 가지고 있는 것에
> 감사하지 않는다면 더 많이 갖게 되더라도
> 진정한 행복을 만날 수 없을 것이다.

로이 베넷 Roy T. Bennett[*]

[*] 미국의 동기부여·자기계발 분야 저명한 강연가

DATE   년   월   일   요일   am

아침에 미션 하나 ☀

지금 내가
가지고 있는 것들은
무엇일까요?

어제의 나를 ☀

칭찬해주세요.

오늘의 나를 ☀

응원해주세요.

내일의 나에게 ☾

약속해주세요.

> 기회는 작업복을 입고 찾아온 일감처럼 보여서
> 대부분의 사람들이 이를 놓치고 만다.

토머스 에디슨 Thomas Alva Edison*

*백열전구, 축음기, 영사기, 촬영기 등 1,000여 종의 특허를 낸 발명왕

DATE   년   월   일   요일   am

아침에 미션 하나 ☀
내가 놓친 기회는 무엇인가요?

앞으로 다가올 기회는 놓치지 않았으면 해요. 그러기 위해서는 그것을 맞이할 준비가 되어 있어야 해요.

어제의 나를 ☀
칭찬해주세요.

오늘의 나를 ☀
응원해주세요.

내일의 나에게 ☾*
약속해주세요.

> 인생에는 즐거운 일도 있고 힘든 일도 있다.
> 기쁜 일이든 힘든 일이든
> '그저 그 일이 일어났을 뿐'이라고 생각하면
> 기쁘다고 지나치게 들뜨지도
> 힘들다고 땅이 꺼질 듯 낙담하지도 않을 것이다.

알프레드 아들러 Alfred Adler*

* 개인심리학의 창시자라 불리는 의사이자 심리치료사

DATE   년   월   일   요일   am

아침에 미션 하나 ☀
나에게 다가온 힘든 일은 무엇인가요?

'그저 그 일이 일어났을 뿐'이라고 생각하기로 해요.

어제의 나를 ☀
칭찬해주세요.

오늘의 나를 ☀
응원해주세요.

내일의 나에게 ☾
약속해주세요.

> 진실을 전하는 유일한 방법은
> 사랑을 담아 말하는 것이다.
> 사랑이 담겨 있는 말만이 호소력을 가진다.

헨리 데이비드 소로우 Henry David Thoreau*

* 19세기를 대표하는 미국의 철학자이자 동식물 연구가이자 시인

DATE   년   월   일   요일   am

아침에 미션 하나 ☀

오늘 만나는 첫 사람에게 친절한 한 마디를 건넨다면 어떤 말을 하고 싶나요?

어제의 나를 ☀

칭찬해주세요.

오늘의 나를 ☀

응원해주세요.

내일의 나에게 ☾

약속해주세요.

> 당신이 자기 자신을 진심으로 믿는 순간
> 당신은 어떻게 살아야 할지 알게 될 것이다.

괴테 Johann Wolfgang von Goethe*

* 《젊은 베르테르의 슬픔》《파우스트》를 쓴 독일의 대문호

DATE   년   월   일   요일   am

아침에 미션 하나 ☀

어제까지 믿지 못했던
나의 모습은 무엇인가요?

지금 이 순간부터는 그것까지 믿어

주기로 해요.

어제의 나를 ☀

칭찬해주세요.

오늘의 나를 ☀

응원해주세요.

내일의 나에게 ☾

약속해주세요.

> 나는 다른 사람이 나에게
> 칭찬을 하든 비난을 하든 개의치 않는다.
> 다만 내 감정에 충실할 뿐이다.

모차르트 Wolfgang Amadeus Mozart*

* 35년의 짧은 생애 동안 600여 곡을 작곡한 천재 음악가

DATE   년   월   일   요일   **am**

아침에 미션 하나 ☀
나에 대해 이러쿵저러쿵 평가하는 사람이 있나요? 그럴 때 기분은 어떤가요?

어제의 나를 ☀
칭찬해주세요.

오늘의 나를 ☀
응원해주세요.

내일의 나에게 ☾
약속해주세요.

> 어른이 된다는 건 기분에 휘둘리지 않고
> 일관성 있는 태도로
> 나를 잘 관리하는 사람이 되는 것이다.

라라 E. 필딩 Lara E. Fielding[*]

[*] 마인드풀니스를 기반으로 하는 임상 심리학자이자 심리상담가

DATE 　　　　　년　　　월　　　일　　　요일　　　　　**am**

아침에 미션 하나 ☀
내가 컨트롤하기 어려운 감정은 무엇인가요?

그것을 관리하지 못하면 나는 감정의 노예가 됩니다. 그 감정은 계속해서 내 발목을 잡을 거예요.

어제의 나를 ☀
칭찬해주세요.

오늘의 나를 ☀
응원해주세요.

내일의 나에게 ☾
약속해주세요.

> 나는 지금까지 9,000번의 슛을 실패했고
> 300개의 경기에서 패배했다.
> 인생을 살아오면서
> 나는 실패했고, 또 실패했고, 또 다시 실패했다.
> 그리고 그것이 오늘날 내가 성공한 이유이다.
>
> 마이클 조던 Michael Jeffrey Jordan*

* 20세기 미국 프로농구(NBA)를 상징하는 농구 황제

DATE   년   월   일   요일   **am**

아침에 미션 하나 ☀

실패하더라도
계속 도전하고 싶은 일은
무엇인가요?

어제의 나를 ☀

칭찬해주세요.

오늘의 나를 ☀

응원해주세요

내일의 나에게 ☾

야속해주세요.

> 당신 스스로
> 당신의 가치를 높이고 싶다면
> 당신의 가치를 계산하는 계산기를
> 다른 이들에게 넘겨주지 말라.

팀 파고 Tim Fargo[*]

[*] 미국을 대표하는 엔젤투자자이자 경제·금융 분야 베스트셀러 저자

DATE   년   월   일   요일   **am**

아침에 미션 하나 ☀
타인의 생각을 기준 삼아 중요한 일을 결정하거나 선택한 적 있나요?

어제의 나를 ☀
칭찬해주세요.

오늘의 나를 ☀
응원해주세요.

내일의 나에게 ☾
악속해주세요.

> 당신이 잘해야만 좋아하는 사람이라면
> 당신이 네네, 해야만 좋아하는 사람이라면
> 지금 끝내는 것도 나쁘지 않아요.
>
> 노희경*

* 독보적인 작품 세계를 구축한 한국 대표 드라마 작가. 2021년 보관문화훈장을 받았다.

DATE   년   월   일   요일   **am**

아침에 미션 하나 ☀
내가 잘할 땐 내 곁에 있다가 내가 힘들 때면 나를 떠난 사람이 있나요?

어제의 나를 ☀
칭찬해주세요.

오늘의 나를 ☀
응원해주세요.

내일의 나에게 ☾
야속해주세요.

> 이것만은 기억하겠다고 약속해줘.
> 넌 네가 믿는 것보다 더 용감하고
> 네가 느끼는 것보다 더 강하며
> 네가 생각하는 것보다 더 현명하다는 것.

《곰돌이 푸》 Winnie the Pooh*

* 영국의 시인이자 소설가 앨런 알렉산더 밀른의 대표 작품

DATE   년   월   일   요일   **am**

아침에 미션 하나 ☀
나의 용감한 면, 강한 면,
현명한 면을 적어보세요.

나의 용감한 면:

나의 강한 면:

나의 현명한 면:

어제의 나를 ☀
칭찬해주세요.

오늘의 나를 ☀
응원해주세요.

내일의 나에게 ☾
약속해주세요.

> 친구를 얻는 가장 쉬운 방법은
> 친구에게 부탁을 들어달라고 하는 것이 아니라
> 내가 부탁을 들어주는 것이다.

투키디데스 Thucydides*

* '역사는 되풀이된다'는 말을 남긴 고대 아테나의 역사가

DATE   년   월   일   요일   am

아침에 미션 하나 ☀

최근에 누군가의 부탁을 들어준 적이 있나요?
있다면 어떤 부탁이었나요?

어제의 나를 ☀

칭찬해주세요.

오늘의 나를 ☀

응원해주세요.

내일의 나에게 ☾

약속해주세요.

>
> '청춘'이란 인생의 어떤 한 시기가 아니라
> 어떤 마음가짐을 말한다.
> 때로는 20세의 청년보다
> 60세의 노인이 더 청춘일 수 있다.
> 나이를 먹는 것만으로 사람은 늙지 않는다.
> 이상을 잃어버릴 때 비로소 늙는다.
>
> 사무엘 울만 Samuel Ullman[*]

[*] 20세기 초에 활동한 유대교 율법학자이자 시인

| DATE | 년 월 일 요일 | am |

아침에 미션 하나 ☀

나는 지금 '청춘'인가요?
그 이유는 무엇일까요?

어제의 나를 ☀

칭찬해주세요.

오늘의 나를 ☀

응원해주세요.

내일의 나에게 ☾*

약속해주세요.

> 이상은 너의 내면에 존재한다.
> 그 이상에 도달하는 것을 막는 장애물도
> 너의 내면에 존재한다.
> 너는 이상적인 너 자신을 만들어낼 모든 재료를
> 이미 가지고 있다.
>
> 토머스 칼라일 Thomas Carlyle*

* 19세기 빅토리아 시대 영국 지성계를 대표하는 평론가이자 역사가

DATE   년   월   일   요일   am

아침에 미션 하나 ☀

이상적인 나를 만들어줄 좋은 재료(자질, 재능)는 무엇일까요?

어제의 나를 ☀

칭찬해주세요.

오늘의 나를 ☀

응원해주세요.

내일의 나에게 ☾*

약속해주세요

> 사람을 변화시키는 것은
> 시간도 아니오, 지식도 아니다.
> 한 사람의 마음을 변화시킬 수 있는
> 유일한 것은 사랑이다.

파울로 코엘료 Paulo Coelho[*]

[*] 가장 많은 언어로 번역된 세계적인 베스트셀러 《연금술사》의 저자

DATE   년   월   일   요일   **am**

아침에 미션 하나 ☀
나를 더 좋은 사람이 되고 싶게 만드는 건 누구의 사랑인가요?

어제의 나를 ☀
칭찬해주세요.

오늘의 나를 ☀
응원해주세요.

내일의 나에게 🌙
약속해주세요.

> 매일이 새로운 기회입니다.
> 나는 오늘을 좋은 날로 만들기로 결정했습니다.
>
> 루이스 헤이 Louise L. Hay*

* 전 세계 5,000만 독자의 삶을 바꾼 미국 대표 심리치료사

DATE   년   월   일   요일   am

아침에 미션 하나 ☀

무엇을 하면
또는 무슨 생각을 하면
오늘이 좋은 날이 될까요?

어제의 나를 ☀

칭찬해주세요.

오늘의 나를 ☀

응원해주세요.

내일의 나에게 ☾*

약속해주세요.

2장

네가 다시 울며 가는 것은
네가 꽃피워낼 게 있기 때문이야

> 가장 빛나는 별은 아직 발견되지 않은 별이고
> 인생 최고의 날은 아직 살지 않은 날이다.
> 새로운 날들의 주인은 바로 당신이다.

토마스 바샵 Thomas Baschab*

* 세계적인 경영 트레이너이자 정신적 코치이자 작가이자 강연가

DATE   년   월   일   요일   **am**

아침에 미션 하나 ☀

먼 미래의 내가
지금의 나를 본다면
무슨 말을 해줄까요?

어제의 나를 ☀

칭찬해주세요.

오늘의 나를 ☀

응원해주세요.

내일의 나에게 ☾

약속해주세요.

> 감사를 통해 당신은 성장하게 될 것이다.
> 그리고 감사는
> 당신의 삶에 즐거움과 웃음을 줄 것이고
> 그것들이 당신 주변 사람들에게도 퍼지게 만들 것이다.
>
> 아일린 캐디 Eileen Csddy*

* 자연과의 공생을 생활 속에서 실천하는 핀드혼 공동체 창립자

DATE   년   월   일   요일   **am**

아침에 미션 하나 ☀
최근에 감사했던 일
한 가지를 써보세요.

어제의 나를 ☀
칭찬해주세요.

오늘의 나를 ☀
응원해주세요.

내일의 나에게 ☾
약속해주세요.

> 인생은
> 폭풍이 지나가기를 기다리는 것이 아니라
> 빗속에서 춤추는 법을 배우는 것입니다.

가스 캘러헌 Garth Callaghan*

*에세이 분야 베스트셀러 《냅킨 노트》의 저자

DATE   년   월   일   요일   **am**

아침에 미션 하나 ☀
내 인생의 폭풍은 무엇이었나요?

앞으로 다가올 폭풍은 무엇일까 생각해보세요.

어제의 나를 ☀
칭찬해주세요.

오늘의 나를 ☀
응원해주세요.

내일의 나에게 ☾
약속해주세요

> 세상을 바꿀 수 있는 큰 힘을 가지고 있지만
> 사람들이 좀처럼 쓰지 않는 두 가지 말이 있다.
> 그것은 바로 "고맙습니다."와 "미안합니다."

켄 블랜차드 Ken Blanchard*

* 세계적인 경영 컨설턴트이자 경제·경영 분야 베스트셀러 저자

DATE   년   월   일   요일   am

아침에 미션 하나 ☀

최근에 마음을 표현하지 못한 감사한 일이나 미안한 일은 무엇인가요?

지금이라도 꼭 표현해보세요. 나와 상대는 물론 세상도 웃게 될 거예요.

어제의 나를 ☀
칭찬해주세요.

오늘의 나를 ☀
응원해주세요.

내일의 나에게 ☾
약속해주세요.

> 나 스스로를 좋아하는 법을 배워야 한다.
> 가장 많은 시간을 보내는 것도
> 그러기에 가장 친해야 하는 것도
> 결국은 나 자신이기 때문이다.

노먼 빈센트 필 Norman Vincent Peale*

* '만인의 성직자'라 불리는 목사이자 저술가

DATE   년   월   일   요일   am

아침에 미션 하나 ☀

나의 어떤 면을 좋아하나요?

어제의 나를 ☀

칭찬해주세요.

오늘의 나를 ☀

응원해주세요.

내일의 나에게 ☾*

약속해주세요.

> 수천 개의 숲도
> 한 알의 도토리 열매에서 만들어지듯
> 행복도 불행도 성공도 실패도
> 모두 그 처음은 조그만 일에서 시작된다.

랠프 월도 에머슨 Ralph Waldo Emerson*

* 19세기 미국 사상과 문학에 큰 영향을 끼친 시인

DATE 년   월   일   요일   am

아침에 미션 하나
나의 해피엔딩을 만들어줄
'조그만 일'은 무엇일까요?

어제의 나를
칭찬해주세요.

오늘의 나를
응원해주세요.

내일의 나에게
약속해주세요.

> 웃음은 평생 먹어야 하는 상비약이고
> 사랑은 평생 준비해야 하는 비상약이다.

미상

DATE   년   월   일   요일   am

아침에 미션 하나 ☀

내가 사랑하는 것들을
하나씩 적어보세요.

어제의 나를 ☀

칭찬해주세요.

오늘의 나를 ☀

응원해주세요

내일의 나에게 ☾

약속해주세요.

> 램프를 만들어낸 것은 어둠이었고
> 나침반을 만들어낸 것은 안개였고
> 탐험하게 만든 것은 배고픔이었다.
> 그리고 일의 진정한 가치를 깨닫기 위해서는
> 의기소침한 나날들이 필요했다.

빅토르 위고 Victor Marie Hugo[*]

[*] 19세기 프랑스 낭만주의를 대표하는 시인이자 소설가이자 극작가

DATE   년   월   일   요일   **am**

아침에 미션 하나
지금의 나를 있게 한 시련은 무엇이었나요?

어제의 나를
칭찬해주세요.

오늘의 나를
응원해주세요.

내일의 나에게
약속해주세요.

> 내를 건너서 숲으로
> 고개를 넘어서 마을로
> 어제도 가고 오늘도 갈
> 나의 길 새로운 길

윤동주*

* 일제강점기의 암울한 시대상과 민족의 아픔을 기록한 시인

DATE   년   월   일   요일   **am**

아침에 미션 하나 ☀

나의 '새로운 길'은
무엇인가요?

어제의 나를 ☀

칭찬해주세요.

오늘의 나를 ☀

응원해주세요.

내일의 나에게 ☾

약속해주세요.

> 계획을 세우지 않는 목표는
> 한낱 꿈에 불과하다.

생텍쥐페리 Antoine de Saint Exupery*

* 세계적인 베스트셀러 《어린왕자》를 쓴 프랑스의 비행사이자 소설가

DATE   년   월   일   요일   **am**

아침에 미션 하나 ☀
하루를 시작하기 전
오늘의 계획을 세웠나요?
가장 중요한 일은 무엇인가요?

<u>오늘의 계획이 없으면 한 달 후의
나도 1년 후의 나도 똑같을 거예요.</u>

어제의 나를 ☀
칭찬해주세요.

오늘의 나를 ☀
응원해주세요.

내일의 나에게 ☾
약속해주세요.

> 네가 자꾸 쓰러지는 것은
> 네가 꼭 이룰 게 있기 때문이야.
> 네가 다시 울며 가는 것은
> 네가 꽃피워낼 게 있기 때문이야.
> 힘들고 앞이 안 보일 때는
> 너의 하늘을 보아.

박노해* 《걷는 독서》 중에서

* 시인이자 사진작가 그리고 노동·생태·평화 운동가

DATE　　　　년　　　월　　　일　　　요일　　　　**am**

아침에 미션 하나 ☀
이루고 싶은 일이 있나요?
그것은 무엇인가요?

어제의 나를 ☀
칭찬해주세요.

오늘의 나를 ☀
응원해주세요.

내일의 나에게 ☾
약속해주세요.

> 우리를 행복하게 해주는 사람들에게 감사하자.
> 그들은 우리 영혼에 꽃이 피도록 가꾸어주는
> 정원사와 같기 때문이다.

마르셀 프루스트 Marcel Proust*

* 20세기 대표작 《잃어버린 시간을 찾아서》를 쓴 프랑스의 소설가

DATE   년   월   일   요일   am

아침에 미션 하나 ☀
나를 행복하게 해주는
사람은 누구인가요?

나도 그 사람을 행복하게 해주는지
생각해보세요.

어제의 나를 ☀
칭찬해주세요.

오늘의 나를 ☀
응원해주세요.

내일의 나에게 ☾*
약속해주세요.

❝
당신이 뿜어내는 빛을 아무도 막지 못하게 하세요.
당신의 찬란함을 모두가 알 수 있게
완전히 드러내기로 마음먹는 거예요.

짐 캐리 Jim Carrey*

* '흥행 보증수표'로 불리는 캐나다 출신 할리우드 스타

DATE   년   월   일   요일   am

아침에 미션 하나 ☀
내가 가장 빛나 보일 때는 언제일까요?

어제의 나를 ☀
칭찬해주세요.

오늘의 나를 ☀
응원해주세요.

내일의 나에게 ☾*
약속해주세요.

> 내가 있는 그대로 받아들여지고 싶다면
> 다른 사람을 있는 그대로 받아들여야 합니다.

루이스 헤이 Louise L. Hay*

* 전 세계 5,000만 독자의 삶을 바꾼 미국의 대표 심리치료사

DATE   년   월   일   요일   am

아침에 미션 하나
있는 그대로 받아들이기
힘든 상대는 누구이고
그 이유는 무엇인가요?

어제의 나를
칭찬해주세요.

오늘의 나를
응원해주세요.

내일의 나에게
약속해주세요.

> 우리가 반복해서 하는 행동이 바로 우리다.
> 그러므로 탁월함이란 행동이 아닌 습관이다.

아리스토텔레스 Aristotles*

* 서구 철학계에 가장 큰 영향을 끼친 고대 그리스의 철학자

DATE   년   월   일   요일   am

아침에 미션 하나 ☀
새로 만들고 싶은 습관을 적어보세요.

어제의 나를 ☀
칭찬해주세요.

오늘의 나를 ☀
응원해주세요.

내일의 나에게 ☾
약속해주세요.

> 자신감이란
> 항상 옳을 때 생기는 것이 아니라,
> 틀리는 것을 두려워하지 않을 때
> 생기는 것이다.

피터 매킨타이어 Peter T. Mcintyre*

* 제2차 세계대전 당시 활동한 뉴질랜드 화가이자 작가

DATE   년   월   일   요일   am

아침에 미션 하나 ☀

나의 단점 또는 약점은 무엇일까요?

그것을 두려워하지 않기로. 그래서 더 나은 내가 되기로 해요.

어제의 나를 ☀

칭찬해주세요.

오늘의 나를 ☀

응원해주세요.

내일의 나에게 ☾*

약속해주세요.

> 행동하는 사람 2%가
> 행동하지 않는 사람 98%를 지배한다.

지그 지글러 Zig Ziglar*

* 자기계발 분야 베스트셀러 작가이자 동기부여 연설가

DATE　　　　년　　월　　일　　요일　　　　am

아침에 미션 하나 ☀

내키지 않지만 꼭 해야 하는
일이 있나요?

어제의 나를 ☀

칭찬해주세요.

오늘의 나를 ☀

응원해주세요.

내일의 나에게 ☾*

약속해주세요.

> 만약 당신이 아침에 1시간을 잃게 되면
> 당신은 하루 종일
> 잃은 그 1시간을 찾느라 고생하게 될 것이다.

리처드 웨이틀리 Richard Whately*

* 18세기 영국의 수사학자이자 아일랜드 교회 대주교

DATE   년   월   일   요일   **am**

아침에 미션 하나 ☀
아침에 일어나서 지금까지
무엇을 하며
시간을 보냈나요?

어제의 나를 ☀
칭찬해주세요.

오늘의 나를 ☀
응원해주세요.

내일의 나에게 ☾
약속해주세요.

> 우울한 사람은 과거에 살고
> 불안한 사람은 미래에 살고
> 평안한 사람은 현재에 산다.

노자 老子*

* 중국 춘추시대 철학자이자 도가 사상 창시자

DATE   년   월   일   요일   am

아침에 미션 하나 ☀

과거나 미래가 아닌
지금 이 순간을 살고 있는지
생각해보세요.

어제의 나를 ☀

칭찬해주세요.

오늘의 나를 ☀

응원해주세요.

내일의 나에게 ☾

약속해주세요.

> 인생에서 가장 나쁜 죄악은
> 옳은 줄 알면서도
> 행동하지 않는 것이다.

마틴 루터 킹 Martin Luther King, Jr*

* 미국 내 흑인 인권 운동을 이끈 목사이자 인권 운동가

| DATE | 년　　월　　일　　요일 | am |

아침에 미션 하나 ☀

하려고 마음먹었는데
시작하지 못한 일이 있나요?
무엇 때문에 망설이나요?

어제의 나를 ☀

칭찬해주세요.

오늘의 나를 ☀

응원해주세요

내일의 나에게 ☾

약속해주세요.

> 세상의 변화를 생각하는 사람은 많지만
> 정작 자기 자신의 변화를 꿈꾸는 사람은
> 그리 많지 않다.

톨스토이 Lev Nikolayevich Tolstoy[*]

[*] 도스토옙스키와 함께 19세기 러시아 문학을 대표하는 소설가이자 사상가

DATE   년   월   일   요일   am

아침에 미션 하나 ☀
1년 전의 나와 지금의 나를 비교할 때 가장 많이 변한 점은 무엇인가요?

어제의 나를 ☀
칭찬해주세요.

오늘의 나를 ☀
응원해주세요.

내일의 나에게 ☾
약속해주세요.

> 몸도 마음도 힘든 일이 생길 땐 내가 크려나 보다,
> 내가 아직 작아서 크려고 이렇게 아픈가 보다,
> 그렇게 생각해.
>
> 노희경*

* 독보적인 작품 세계를 구축한 한국 대표 드라마 작가. 2021년 보관문화훈장을 받았다.

DATE   년   월   일   요일   am

아침에 미션 하나 ☀
최근에 마음이 아팠던 적 있나요? 어떤 일로 아팠나요?

그 아픔이 나를 퇴보시키지 않고 성장의 영양제가 되도록 스스로를 단련하기로 해요.

어제의 나를 ☀
칭찬해주세요.

오늘의 나를 ☀
응원해주세요.

내일의 나에게 ☾
약속해주세요.

> 어떤 타인이 나를 전적으로 책임지기에는
> 나는 너무나 비상하고 까다롭고 총명하다.
> 누구도 나를 완전하게 알거나 사랑할 수 없다.
> 오직 나 자신만이 나와 끝까지 함께 할 뿐이다.

시몬 드 보부아르 Simone de Beauvoir*

* 20세기 중반 프랑스의 실존주의 소설가이자 사상가

DATE　　　　　년　　　월　　　일　　　요일　　　**am**

아침에 미션 하나 ☀

스스로를 얼마나 알고 있는지,
얼마나 사랑하는지
생각해보세요.

어제의 나를 ☀
칭찬해주세요.

오늘의 나를 ☀
응원해주세요.

내일의 나에게 ☾
약속해주세요.

111

> 힘은 희망을 가진 사람들에게 주어지고
> 용기는 가슴속 의지에서 일어난다.

펄 벅 Pearl Sydenstricker Buck*

* 노벨문학상과 퓰리쳐상을 동시에 수상한 미국의 소설가

DATE　　　　년　　월　　일　　요일　　　　**am**

아침에 미션 하나 ☀

진정으로 용기 있는 사람을
본 적이 있나요?
그 사람은 누구인가요?
주변인이 아니어도 좋아요.
책이나 기사를 통해
접한 사람도 좋습니다.
같은 상황이 왔을 때
나도 용기 낼 수 있을까
생각해보세요.

어제의 나를 ☀
칭찬해주세요.

오늘의 나를 ☀
응원해주세요.

내일의 나에게 ☾
약속해주세요

> 이 세상을
> 내가 태어나기 전보다 조금이라도
> 살기 좋은 곳으로 만들어놓는 것.
> 내가 한때 이곳에 살았으므로
> 단 한 사람이라도 행복해지는 것.
> 이것이 진정한 성공이다.

랄프 왈도 에머슨 Ralph Waldo Emerson*

* 19세기 중반에 미국의 지식 생활을 고무한 민주주의 시인

DATE　　　년　　월　　일　　요일　　　**am**

아침에 미션 하나 ☀

나로 인해
행복을 느끼는 사람은
누구일까요?

어제의 나를 ☀

칭찬해주세요.

오늘의 나를 ☀

응원해주세요.

내일의 나에게 ☾

약속해주세요.

○ 3장 ○

**네가 세상에 나올 때 너는 울었지만,
사람들은 웃었다**

> 그대의 자질은 아름답다.
> 그런 자질을 가지고 아무것도 하지 않겠다 해도
> 내 뭐라 할 수 없지만
> 그대가 만약 온 마음과 힘을 다해 노력한다면
> 무슨 일인들 해내지 못하겠는가.
> 그러니 부디 포기하지 말기를.

세종대왕*

* 역사상 가장 뛰어난 임금이자 성군으로 칭송받는 조선의 제4대 왕. 훈민정음을 창제했다.

DATE   년   월   일   요일   am

아침에 미션 하나 ☀

내가 잊고 있었거나
미처 알지 못했던
자질과 재능은 무엇일까요?

어제의 나를 ☀

칭찬해주세요.

오늘의 나를 ☀

응원해주세요.

내일의 나에게 ☾*

약속해주세요.

> 한 번도 실수한 적이 없는 사람은
> 한 번도 새로운 것에
> 도전해본 적이 없는 사람이다.

아인슈타인 Albert Einstein*

* 상대성이론을 개발한 인류 역사상 가장 유명한 물리학자

DATE   년   월   일   요일   **am**

아침에 미션 하나 ☀
떠올리기만 해도
얼굴이 화끈거리는
실수를 한 적 있나요?

'뭐 어때'라고 크게 말해보세요. 그
리고 훌훌 털어버리세요.

어제의 나를 ☀
칭찬해주세요.

오늘의 나를 ☀
응원해주세요.

내일의 나에게 ☾
약속해주세요.

> 가장 만족스러웠던 날을 떠올려보면
아무것도 하지 않고 편히 쉬기만 한 날이 아니라
할 일이 태산이었는데도 모두 마친 날이었다.

마거릿 대처 Margaret Hilda Thatcher*

* 영국 최초의 여성 총리. '철의 여인'이라는 별칭으로 유명하다.

DATE 　　　년　　월　　일　　요일　　**am**

아침에 미션 하나 ☀

할 일을 다 해서
만족스러웠던 날은
언제였나요?

어제의 나를 ☀

칭찬해주세요.

오늘의 나를 ☀

응원해주세요.

내일의 나에게 ☾

약속해주세요.

"
자신의 기운을 복돋아주는 가장 좋은 방법은
다른 사람의 기운을 복돋아주는 것이다.

마크 트웨인 Mark Twain*

* 미국 문학의 아버지라 불리는 소설가. 《허클베리 핀의 모험》《톰 소여의 모험》 등을 썼다.

DATE   년   월   일   요일   am

아침에 미션 하나 ☀
오늘 기운을 복돋아주고 싶은 사람이 있나요?

어제의 나를 ☀
칭찬해주세요.

오늘의 나를 ☀
응원해주세요.

내일의 나에게 🌙
약속해주세요.

> 잘 물든 단풍은
> 봄꽃보다 아름답다.

법륜*

* 한국의 승려이자 환경·구호·통일 운동가

DATE   년   월   일   요일   am

아침에 미션 하나

내 삶의 가을이
잘 물든 단풍이 되려면
어떤 준비를 해야 할까요?

어제의 나를

칭찬해주세요.

오늘의 나를

응원해주세요.

내일의 나에게

약속해주세요.

> 세상에 불가능한 일은 없다.
> '불가능(Impossible)'이란 말 자체도
> '나는 가능하다(I'm possible)'라는 의미이다.
>
> 오드리 헵번 Audrey Hepburn[*]

[*] 20세기를 대표하는 스타일 아이콘이자 할리우드 스타

DATE   년   월   일   요일   **am**

아침에 미션 하나 ☀

어렵더라도 도전하고 싶은 일은 무엇인가요?

어제의 나를 ☀

칭찬해주세요.

오늘의 나를 ☀

응원해주세요.

내일의 나에게 ☾

약속해주세요.

> 인간관계는 큰 문제로 틀어지지 않는다.
> 작고 사소한 문제에서 둘을 갈라놓는 금이 시작된다.
> 상대의 마음을 헤아리는 선한 마음가짐과 실천,
> 예의 바르고 사려 깊은 태도가 있다면
> 뒤틀린 관계는 원만하게 풀어질 것이다.

헤르만 헤세 Hermann Hesse[*]

[*] 독일을 대표하는 시인이자 소설가이자 화가

DATE   년   월   일   요일   am

아침에 미션 하나 ☀
뒤틀렸지만
풀고 싶은 관계가 있나요?
그 상대는 누구인가요?

어제의 나를 ☀
칭찬해주세요.

오늘의 나를 ☀
응원해주세요.

내일의 나에게 ☾
약속해주세요.

"
현명한 사람은
현명하게 질문하고
타인의 말을 경청하고
조용히 답을 하며
더 이상 할 말이 없을 때는 입을 다문다.

톨스토이 Lev Nikolayevich Tolstoy*

* 도스토옙스키와 함께 19세기 러시아 문학을 대표하는 소설가이자 사상가

DATE   년   월   일   요일   am

아침에 미션 하나

현명하게 질문하며
타인의 말을 경청하는 것을
오늘의 목표로 삼아요.
이 두 가지만 잘해도
당신의 삶이 달라질 거예요.

어제의 나를

칭찬해주세요.

오늘의 나를

응원해주세요.

내일의 나에게

약속해주세요.

> 좋은 일을 생각하면 좋은 일이 생긴다.
> 나쁜 일을 생각하면 나쁜 일이 생긴다.
> 당신이 하루 종일 생각하고 있는
> 그것이 바로 당신이다.

조셉 머피 Joseph Murphy*

* 세계적인 정신의학자이자 잠재의식 분야 권위자

DATE 년   월   일   요일   am

아침에 미션 하나 ☀

일어나기를 바라는 '좋은 일'은 무엇인가요?

어제의 나를 ☀

칭찬해주세요.

오늘의 나를 ☀

응원해주세요.

내일의 나에게 ☾

약속해주세요.

> 돈은 비료와 같아서
> 여기저기 뿌려줘야 한다.

브룩 애스터 Roberta Brooke Astor*

*미국의 유명 자선사업가이자 뉴욕 사교계의 여왕

DATE　　　년　　월　　일　　요일　　　am

아침에 미션 하나
돈이 아니어도
내가 타인들과 나눌 수 있는
것은 무엇일까요?

어제의 나를
칭찬해주세요.

오늘의 나를
응원해주세요.

내일의 나에게
약속해주세요.

"
행복은 생각과 말과 행동이 일치할 때 찾아온다.

간디 Mohandas Karamchand Gandhi*

* 비폭력평화주의의 상징인 인도의 정신적·정치적 지도자

| DATE | 년 월 일 요일 | am |

아침에 미션 하나
나의 생각과 말과 행동이
불일치하다고
느껴질 때가 있나요?

어제의 나를
칭찬해주세요.

오늘의 나를
응원해주세요.

내일의 나에게
약속해주세요.

> 좋은 습관을 버리기는 쉽지만
> 다시 들이기는 어려운 법이다.

빅토르 위고 Victor Marie Hugo[*]

[*] 19세기 프랑스 낭만주의를 대표하는 시인이자 소설가이자 극작가

DATE   년   월   일   요일   am

아침에 미션 하나 ☀
나의 좋은 습관과 버리고 싶은 습관을 적어보세요.

좋은 습관:

버리고 싶은 습관:

어제의 나를 ☀
칭찬해주세요.

오늘의 나를 ☀
응원해주세요.

내일의 나에게 ☾
약속해주세요.

> 인생은 한 권의 책과 같다.
> 어리석은 사람은 책장을 그냥 넘기지만
> 현명한 사람은 공들여 읽는다.
> 그 책을 다시 읽을 기회가 드물다는 걸 알기 때문이다.

장 파울 Johann Paul Friedrich Richter*

* 독일 낭만주의 문학을 대표하는 소설가이자 철학자

DATE   년   월   일   요일   am

아침에 미션 하나

나의 어제는
어떤 날이었는지
돌이켜보세요.
무심코 책장 넘기듯
보내지 않았나요.
오늘 하루는 어떤 날로
만들지 생각해보아요.

어제의 나를
칭찬해주세요.

오늘의 나를
응원해주세요

내일의 나에게
약속해주세요.

> 세상에서 가장 지혜로운 사람은 배우는 사람이고
> 세상에서 가장 행복한 사람은
> 감사할 줄 아는 사람입니다.

탈무드 Talmud*

* 유대교 율법학자들이 사상에 대하여 구전·해설한 것을 집대성한 책

DATE   년   월   일   요일   **am**

아침에 미션 하나

지금 배우고 있는 것,
앞으로 배우고 싶은 것은
무엇인가요?

어제의 나를

칭찬해주세요.

오늘의 나를

응원해주세요.

내일의 나에게

약속해주세요.

> 돌이켜보면 나의 삶은
> 일곱 번 넘어지고
> 여덟 번 일어나면서 이루어졌다.

프랭클린 D. 루스벨트 Franklin Delano Roosevelt*

* 임기 동안 대공황과 제2차세계대전을 모두 경험한 미국의 제32대 대통령

DATE   년   월   일   요일   **am**

아침에 미션 하나 ☀

시행착오가 있었지만 끝끝내 이루어낸 것들을 떠올려보세요.

어제의 나를 ☀

칭찬해주세요.

오늘의 나를 ☀

응원해주세요.

내일의 나에게 ☾

약속해주세요.

> 불행한 말을 본 적 있는가?
> 아니면 우울한 새를 본 적 있는가?
> 말과 새가 불행하지 않은 이유는
> 다른 말이나 새들에게 잘 보이려고
> 애쓰지 않기 때문이다.

데일 카네기 Dale Carnegie*

---

* 독창적인 인간관계 기술을 연구하고 개발한 처세술의 대가

DATE   년   월   일   요일   **am**

아침에 미션 하나 ☀

잘 보이고 싶은
사람이 있나요?
왜 잘 보이고 싶은 것인지
이유를 생각해보세요.
타인이 아닌 나를 기준으로
생각하는 것이 중요해요.
오늘 하루, 타인의 시선을
의식하지 말고 나로서 잘
살아보기로 해요.

어제의 나를 ☀
칭찬해주세요.

오늘의 나를 ☀
응원해주세요.

내일의 나에게 ☾
약속해주세요.

> 모든 것이 끝났다고 여겨지는 순간,
> 그때가 시작하기 가장 좋을 때다.

루이스 라무르 Louis L'Amour*

* 세계적으로 2억 6,000만 부 판매고를 올린 미국의 소설가이자 권투 선수

DATE   년   월   일   요일   **am**

아침에 미션 하나 ☀

살면서 '다 끝났다'고
느낀 적 있나요?
지금도 그렇게 생각하나요?

어제의 나를 ☀

칭찬해주세요.

오늘의 나를 ☀

응원해주세요.

내일의 나에게 ☾

약속해주세요.

> 행복을 추구하는 것도 중요하지만
> 행복을 누릴 자격을 갖춘 사람이
> 되는 것이 더 중요하다.

칸트 Immanuel Kant*

*독일이 낳은 세계적인 철학자

DATE 　　　　년　　월　　일　　요일　　　　am

아침에 미션 하나 ☀
'나는 ○○○○하기 때문에 행복을 누릴 자격이 있다'에서 빈칸을 완성해보세요.

어제의 나를 ☀
칭찬해주세요.

오늘의 나를 ☀
응원해주세요.

내일의 나에게 🌙
약속해주세요.

❝
수많은 사람이 성공하지 못하는 이유는
기회가 문을 두드릴 때
뒤뜰에 나가 네잎클로버를 찾기 때문이다.

월터 크라이슬러 Walter Percy Chrysler*

* 미국의 자동차 브랜드인 크라이슬러의 창립자

DATE   년   월   일   요일   am

아침에 미션 하나 ☀

'행운'과 '성공' 중 하나만 고를 수 있다면 무엇을 고르고 싶은가요?

어제의 나를 ☀

칭찬해주세요.

오늘의 나를 ☀

응원해주세요.

내일의 나에게 ☾*

약속해주세요.

"
실수를 두려워하지 마라.
우리에겐 스스로가 불완전하다는 것을
받아들일 용기가 필요하다.

알프레드 아들러 Alfred Adler*

* 개인심리학의 창시자라 불리는 의사이자 심리치료사

DATE   년   월   일   요일   am

아침에 미션 하나 ☀

나의 불완전함은
무엇인가요?

그것을 두려워하지 말고 인정하고
수용하기로 해요.

어제의 나를 ☀

칭찬해주세요.

오늘의 나를 ☀

응원해주세요.

내일의 나에게 ☾

약속해주세요

> 진정으로 가난한 사람은
> 가진 것이 적은 사람이 아니라
> 더 많은 것을 갈망하는 사람이다.

세네카 Lucius Annaeus Seneca*

* 고대 로마 철학을 대표하는 철학자이자 정치인이자 시인

DATE 년 월 일 요일 **am**

아침에 미션 하나 ☀
더 많이 가지길
갈망하는 것은 무엇인가요?

어제의 나를 ☀
칭찬해주세요.

오늘의 나를 ☀
응원해주세요.

내일의 나에게 ☾
약속해주세요.

> 희망으로 가득 찬 사람과 사귀어라.
> 창조적이고 낙관적인 사람과 소통하라.
> 긍정적이고 능동적으로 행동하라.
> 그리고 그런 사람을 자신 곁에 두어라.

노먼 빈센트 필 Norman Vincent Peale*

* '만인의 성직자'라 불리는 목사이자 저술가

DATE 년   월   일   요일   **am**

아침에 미션 하나 ☀
주변 사람들 중 가장 긍정적이고 능동적인 사람은 누구인가요?

어제의 나를 ☀
칭찬해주세요.

오늘의 나를 ☀
응원해주세요.

내일의 나에게 ☾
약속해주세요.

> 배를 만들고 싶다면
> 사람들에게 목재를 나르게 하거나
> 지시하거나 하지 말라.
> 대신 그들이 넓고 끝없는 바다를
> 꿈꿀 수 있게 하라.

생텍쥐페리 Antoine de Saint Exupery*

* 세계적인 베스트셀러 《어린왕자》를 쓴 프랑스의 비행사이자 소설가

DATE　　　년　　월　　일　　요일　　　　**am**

아침에 미션 하나 ☀
누군가가 시켜서가 아니라 스스로 '하고 싶다'고 느끼는 일이 있나요?

어제의 나를 ☀
칭찬해주세요.

오늘의 나를 ☀
응원해주세요.

내일의 나에게 🌙
약속해주세요.

"
당신은 우주에 존재하는 그 누구보다 더
당신의 사랑과 애정을 받을 자격이 있다.

붓다 佛陀*

* 산스크리트어로 '눈을 뜬 자'라는 뜻으로 불교에서 깨달음을 얻은 사람을 뜻한다.

DATE 　　　　　년　　　월　　　일　　　요일　　　　　am

아침에 미션 하나 ☀

나는 이 세상에서
나를 가장 사랑하며
아끼고 있나요?

어제의 나를 ☀

칭찬해주세요.

오늘의 나를 ☀

응원해주세요.

내일의 나에게 ☾

약속해주세요.

> 네가 이 세상에 나올 때
> 너는 울었지만, 주위 사람들은 기뻐하며 웃었다.
> 네가 이 세상을 떠날 때
> 너는 기뻐하며 웃고
> 주위 사람들은 너의 죽음을 슬퍼하며 운다면
> 네 삶은 참 잘 살았다고 할 수 있다.

나바호족 Navajo 잠언*

---

* 대대로 미국 남서부 지역에 거주해온 인디언 부족 중 하나

DATE　　　　년　　월　　일　　요일　　　　**am**

아침에 미션 하나 ☀
'참 잘 산 삶'을 위해 내가 해야 할 것들을 써보세요.

어제의 나를 ☀
칭찬해주세요.

오늘의 나를 ☀
응원해주세요.

내일의 나에게 🌙
약속해주세요.

4장

새로이 시작하는 용기 속에
그대의 천재성과 능력과 기적이 모두 숨어 있다

> 나는 모든 시작을 사랑한다.
> 모든 출발에는 불안과 불확실함이 깃들어 있지만
> 나 자신에게 기쁨을 안겨주고 싶을 때
> 지금 일어나고 있는 일이 일어나지 않기를 바랄 때
> 지난날에 머물러 있으려고 할 때
> 바로 그 순간에 나는 시작을 선택한다.

라이너 마리아 릴케 Rainer Maria Rilke*

* 19세기를 대표하는 오스트리아 태생 독일 시인

DATE 년   월   일   요일   am

아침에 미션 하나
지금 바로 시작해야 하는
일이 있나요?

어제의 나를
칭찬해주세요.

오늘의 나를
응원해주세요.

내일의 나에게
약속해주세요.

> 행복의 원리는 간단하다
> 불만에 속지 않으면 된다.
> 어떠한 불만 때문에
> 자기비하, 자기학대만 하지 않으면
> 즐거운 인생이 될 것이다.
>
> 버트런드 러셀 Bertrand Arthur William Russell*

* 20세기 대표 지성인으로 꼽히는 영국의 수학자이자 철학자

DATE　　　년　　월　　일　　요일　　　　**am**

아침에 미션 하나 ☀

힘든 사람을 봤을 때
위로의 말을 건네듯
나에게도
'정말 고생했어'
'너무 힘들지?'
'잘했고 잘하고 있어'라고
위로의 말을 전하세요.

어제의 나를 ☀
칭찬해주세요.

오늘의 나를 ☀
응원해주세요.

내일의 나에게 ☾
약속해주세요.

> 일어나자마자 감사하라.
> 오늘 많이 배우지 않았다면
> 조금이라도 배운 것을 감사하라.
> 조금이라도 배우지 않았다면
> 아프지 않은 것을 감사하라.
> 아프다면 죽지 않은 것을 감사하라.
> 즉, 세상 모든 것에 감사하라.

붓다 佛陀*

* 산스크리트어로 '눈을 뜬 자'라는 뜻으로 불교에서 깨달음을 얻은 사람을 뜻한다.

DATE   년   월   일   요일   **am**

아침에 미션 하나 ☀

오늘 내가 감사할 일
세 가지를 쓰세요.

하나,

둘,

셋,

어제의 나를 ☀

칭찬해주세요.

오늘의 나를 ☀

응원해주세요.

내일의 나에게 ☾

약속해주세요.

> 인격은 편안하고 고요한 시기에 성장하지 않는다.
> 시련과 고난을 겪은 후에
> 영혼이 강해지고 패기가 생기며 성공할 수 있다.

헬렌 켈러 Helen Adams Keller[*]

[*] 삼중고(三重苦)를 극복한 미국의 작가이자 교육자 그리고 사회주의 운동가

DATE   년   월   일   요일   **am**

아침에 미션 하나 ☀

내게 왔던 시련 중 무엇이 나를 강하게 했나요?

어제의 나를 ☀

칭찬해주세요.

오늘의 나를 ☀

응원해주세요.

내일의 나에게 ☾

약속해주세요.

> 나중에 인생을 돌아볼 때
> "해보기라도 할 걸." 하는 것보다
> "세상에 내가 그런 짓도 했다니!" 하는 게
> 훨씬 즐거울 것이다.

루실 볼 Lucille Ball*

* 미국에서 '코미디의 여왕'이라 불리는 배우이자 연출가

DATE   년   월   일   요일   **am**

아침에 미션 하나 ☀
불가능해 보였지만
결과와 상관없이 시도했던
일이 있었나요?

어제의 나를 ☀
칭찬해주세요.

오늘의 나를 ☀
응원해주세요.

내일의 나에게 ☾
약속해주세요.

> 가장 빛나는 순간은 아직 오지 않았다.
> 가장 뜨거운 순간은 아직 오지 않았다.
> 가장 행복한 순간은 아직 오지 않았다.
> 아직 오지 않은 것은 너무나도 많다.
>
> 미상*

* 서울시가 자살 예방 캠페인의 일환으로 마포대교 1.9km 난간에 설치한 문구

DATE   년   월   일   요일   am

아침에 미션 하나 ☀

아직 오지 않은
가장 빛나는 순간은
무엇일까요?

어제의 나를 ☀

칭찬해주세요.

오늘의 나를 ☀

응원해주세요.

내일의 나에게 ☽

약속해주세요.

> 지식을 얻으려면 매일
> 무언가를 더하라.
> 지혜를 얻으려면 매일
> 무언가를 버려라.

노자 老子*

* 중국 춘추시대 철학자이자 도가 사상 창시자

DATE 　　　　년　　　월　　　일　　　요일　　　　**am**

아침에 미션 하나 ☀
내가 아는 가장 지혜로운 사람,
가장 지식이 많은 사람은
누구인가요?

지혜로운 사람:

지식이 많은 사람:

어제의 나를 ☀
칭찬해주세요.

오늘의 나를 ☀
응원해주세요.

내일의 나에게 ☾
약속해주세요.

> 당신의 손에 언제나 할 일이 있기를
> 당신 지갑에 언제나 한두 개의 동전이 남아 있기를
> 당신 발 앞에 언제나 길이 나타나기를
> 바람은 언제나 당신의 등 뒤에 불고
> 당신의 얼굴에는 해가 비치기를
> 이따금 당신의 길에 비가 내리더라도
> 곧 무지개가 뜨기를.

켈트족 Celts 기도문*

* 고대 유럽을 다스렸던 민족 중 하나

DATE   년   월   일   요일   am

아침에 미션 하나

지금 나의 삶의 빛깔은
무지개빛인가요?
그렇지 않더라도
언젠가는 그러하리라고
믿고 있나요?
무지개를 만나기 위해
어떤 노력을 하고 있는지
생각해보세요.

어제의 나를
칭찬해주세요.

오늘의 나를
응원해주세요.

내일의 나에게
약속해주세요.

❝
자신이 할 수 있다고 생각하는 것보다
매일 조금씩 더 하라.

로웰 토머스 Lowell Thomas*

* 세계적으로 유명한 미국의 언론인이자 배우이자 작가이자 영화 제작자

DATE   년   월   일   요일   am

아침에 미션 하나 ☀

조금 더 하면 좋을
일은 무엇인가요?

어제의 나를 ☀

칭찬해주세요.

오늘의 나를 ☀

응원해주세요.

내일의 나에게 ☾*

약속해주세요.

> 시간이란 내가 가진 단 하나의 동전이다.
> 최대한 주의해서 쓰지 않으면
> 엉뚱한 사람들이 나 대신 써버리게 된다.

칼 샌드버그 Carl Sandburg*

* 미국의 시인이자 역사가 그리고 퓰리처상을 받은 언론인

DATE　　　　년　　월　　일　　요일　　　　**am**

아침에 미션 하나 ☀

나는 오늘
내 시간의 주인이 될
준비를 마쳤나요?

어제의 나를 ☀

칭찬해주세요.

오늘의 나를 ☀

응원해주세요.

내일의 나에게 🌙

약속해주세요.

> 밤이 있으면 낮이 있게 마련이고
> 1년 중 밤의 길이는 낮의 길이와 같다.
> 어느 정도 어두움이 있어야 행복한 삶도 존재한다.
> 행복에 상응하는 슬픔이 부재하다면
> 행복은 그 의미를 상실해버리고 만다.
>
> 카를 구스타프 융 Carl Gustav Jung*

* 프로이트, 아들러와 함께 심리학의 3대 거장으로 꼽히는 심리학자

DATE　　　　년　　월　　일　　요일　　　**am**

아침에 미션 하나 ☀

지금 내 삶에 가장 큰 영향을
준 슬픔, 괴로움, 고통이
무엇인지 생각해보세요.
삶이 슬프거나 고통스러울 때
나는 왜 이렇게 힘들까
하는 생각이 들지만,
평생토록 행복하기만 한 사람도
고통스럽기만 한 사람도
없습니다.
누구나의 삶이 그렇습니다.

어제의 나를 ☀
칭찬해주세요.

오늘의 나를 ☀
응원해주세요.

내일의 나에게 ☾
약속해주세요.

> 우리가 살아가는 데 가장 중요한 것은
> 긍정적인 생각이다.
> 모든 것을 가능하다고 생각하는 것이
> 모든 것을 해결한다.

정주영*

* 1960년대 한국 경제 성장 신화를 이끈 현대그룹 창업자

DATE   년   월   일   요일   am

아침에 미션 하나

어쩌면 일어날지도 모를 가장 행복한 일을 떠올려보세요.

어제의 나를

칭찬해주세요.

오늘의 나를

응원해주세요.

내일의 나에게

약속해주세요.

> 아침엔 따뜻한 웃음으로 문을 열고
> 낮에는 활기찬 열정으로 일을 하고
> 저녁엔 편안한 마음으로 끝을 낸다.

미상

| DATE | 년 월 일 요일 | am |

아침에 미션 하나 ☀

나는 아침, 낮, 저녁 중 어떤 시간대를 가장 좋아하는지, 이유는 무엇인지 써보아요.

어제의 나를 ☀

칭찬해주세요.

오늘의 나를 ☀

응원해주세요.

내일의 나에게 ☾

약속해주세요.

> 다른 사람이 무엇을 하는지
> 신경 쓰지 마라.
> 더 나은 당신이 되기 위해 노력하고
> 매일 당신의 기록을 깨뜨려라.
> 그러면 성공한다.

윌리엄 보엣커 William J. H. Boetcker*

* 미국의 종교 지도자이며 저명한 연설가

DATE   년   월   일   요일   am

아침에 미션 하나 ☀
더 나은 내가 되려면
어떤 점이 개선되어야 할까요?

어제의 나를 ☀
칭찬해주세요.

오늘의 나를 ☀
응원해주세요.

내일의 나에게 ☾
약속해주세요.

"
햇빛과 따사로운 물기를 원한다면
천둥과 번개 또한 수용해야 한다.

칼릴 지브란 Kahlil Gibran*

* 1883년 레바논에서 태어난 미국의 시인이자 철학자이자 화가

DATE   년   월   일   요일   **am**

아침에 미션 하나 ☀
지금 내가 견뎌야 하는 천둥과 번개는 무엇인가요?

겁먹지 마세요.

곧 날이 개고 햇빛이 쏟아질 거예요.

어제의 나를 ☀
칭찬해주세요.

오늘의 나를 ☀
응원해주세요.

내일의 나에게 ☾
약속해주세요.

> 내가 만약 가난을 몰랐다면
> 인생의 고단을 어찌 알았겠는가.
> 내가 만약 범생이었다면
> 낙오자들의 울분을 어찌 말할 수 있었겠으며
> 실패 뒤에 어찌 살아남을 수 있었겠는가.
>
> 노희경[*]

[*] 독보적인 작품 세계를 구축한 한국 대표 드라마 작가, 2021년 보관문화훈장을 받았다.

DATE   년   월   일   요일   **am**

아침에 미션 하나 ☀
나를 단련시킨
'인생의 고단'은 무엇일까요?

어제의 나를 ☀
칭찬해주세요.

오늘의 나를 ☀
응원해주세요.

내일의 나에게 ☾
약속해주세요.

> 행복하기 때문에 감사하는 것이 아니라
> 감사하기 때문에 행복해지는 것이다.

전광*

* 베스트셀러 《평생감사》《백악관을 기도실로 만든 대통령 링컨》의 저자

DATE   년   월   일   요일   **am**

아침에 미션 하나 ☀
지금 이 순간,
가장 감사한 일을 쓰세요.

어제의 나를 ☀
칭찬해주세요.

오늘의 나를 ☀
응원해주세요.

내일의 나에게 ☾
약속해주세요.

> "
> '너는 틀렸고 내가 옳다'고 말하는 것은
> 사람이 사람에게 할 수 있는 말 중에서
> 가장 잔인한 말이다.

톨스토이 Lev Nikolayevich Tolstoy*

* 도스토옙스키와 함께 19세기 러시아 문학을 대표하는 소설가이자 사상가

DATE　　　년　　월　　일　　요일　　　**am**

아침에 미션 하나 ☀

다를 점이 있을 뿐이지
상대가 틀린 게 아닙니다.
이 점을 잊지 않는다면
좀 더 행복한 삶이 될 거예요.

어제의 나를 ☀
칭찬해주세요.

오늘의 나를 ☀
응원해주세요.

내일의 나에게 ☾
약속해주세요.

> 우리가 생각하는 모든 것들이
> 우리의 미래를 만든다.

루이스 헤이 Louise L. Hay*

* 전 세계 5,000만 독자의 삶을 바꾼 미국의 대표 심리치료사

DATE   년   월   일   요일   **am**

아침에 미션 하나
부정적인 생각이나 쓸데없는 걱정이 들 땐 어떻게 하는 게 좋을까요?

어제의 나를
칭찬해주세요.

오늘의 나를
응원해주세요.

내일의 나에게
약속해주세요.

> 타인에게 배운 진리는
> 그저 몸에 살짝 붙어 있지만,
> 스스로 발견한 진리는 몸의 일부가 된다.

로랑 구넬 Laurent Gounelle*

* '행복전도사'라는 별명을 가진 프랑스 대표 소설가이자 수필가

DATE   년   월   일   요일   am

아침에 미션 하나 ☀

나는 스스로
진리를 찾기 위해
어떤 노력을 하나요?

어제의 나를 ☀

칭찬해주세요.

오늘의 나를 ☀

응원해주세요.

내일의 나에게 ☾

약속해주세요.

> 꿈을 품고 무언가 할 수 있다면 그것을 시작하라.
> 새로운 일을 시작하는 용기 속에
> 그대의 천재성과 능력과 기적이
> 모두 숨어 있다.

괴테 Johann Wolfgang von Goethe*

*《젊은 베르테르의 슬픔》《파우스트》를 쓴 독일의 대문호

DATE　　　　년　　　월　　　일　　　요일　　　　**am**

아침에 미션 하나 ☀
용기를 가지고
새로운 일에 도전했던 적은
언제였나요?

어제의 나를 ☀
칭찬해주세요.

오늘의 나를 ☀
응원해주세요.

내일의 나에게 ☾
약속해주세요.

> 가장 작은 것, 가장 조용한 것, 가장 가벼운 것,
> 바스락거리는 도마뱀의 몸짓 같은
> 숨결 하나, 눈길 하나, 찰나의 순간,
> 이처럼 가장 작은 것들이 최상의 행복을 만든다.

프리드리히 니체 Friedrich Wilhelm Nietzsche*

* '망치를 든 철학자'라는 별칭으로 유명한 독일의 철학자

DATE   년   월   일   요일   am

아침에 미션 하나 ☀

나를 행복하게 만드는
'아주 작은 것들'을
찾아보세요.

어제의 나를 ☀

칭찬해주세요.

오늘의 나를 ☀

응원해주세요.

내일의 나에게 ☾

약속해주세요.

> 삶이 그대를 속일지라도
> 슬퍼하거나 노여워하지 말라.
> 슬픈 날을 참고 견디라.
> 즐거운 날은 오고야 말리니.

알렉산드르 푸쉬킨 Aleksandr Sergeevich Pushkin*

* 러시아에서 '국민시인'이라 불리는 대문호

DATE   년   월   일   요일   am

아침에 미션 하나 ☀

바라던 대로 되지 않아 나를 속상하게 한 일은 무엇인가요?

어제의 나를 ☀

칭찬해주세요.

오늘의 나를 ☀

응원해주세요.

내일의 나에게 ☾

약속해주세요

> 이번 생은 처음이라
> 내게 붙여진 모든 역할과 이름이 낯설고 힘들다.
> 잘하는 일보다 못하는 일이 많더라도 낙담하지 말자.
> 그 과정을 거치며 우리는 조금씩 단단해진다.
>
> 미상

DATE   년   월   일   요일   am

아침에 미션 하나 ☀
이번 생의 내 역할 중
가장 어려운 것은
무엇인가요? 그 이유는요?

어제의 나를 ☀
칭찬해주세요.

오늘의 나를 ☀
응원해주세요.

내일의 나에게 ☾
약속해주세요.

'나만의 명언'을 만들어보세요.

"

DATE   년   월   일   요일   am

아침에 미션 하나 ☀

'나만의 명언'을 만들었으니
'나만의 미션'도 만들어보세요.

어제의 나를 ☀

칭찬해주세요.

오늘의 나를 ☀

응원해주세요.

내일의 나에게 ☾

약속해주세요.

북로그컴퍼니 필사책 베스트셀러

김정민 지음 | 236쪽

《오늘, 행복을 쓰다》

'심리학 거장' 아들러의 저서에서 찾아낸 행복과 긍정의 메시지를 한 권에 엮은 필사책. 아들러 심리학의 핵심 주장을 가장 이해하기 쉬운 문장으로 뽑고, 그 메시지들을 따라 쓸 수 있도록 구성했다.

나태주 지음 | 232쪽

《끝까지 남겨두는 그 마음》

대한민국이 가장 사랑하는 시인 나태주의 첫 필사시집. 누구나 한 번쯤 가슴에 새겨본 대표 시 〈풀꽃〉부터 신작 시 〈오직 사무치는 마음 하나로〉까지 미공개 시 30여 편을 포함 총 100편의 시를 담았다.

원태연 지음 | 232쪽

《그런 사람 또 없습니다》

국내 시집 판매량 1위 시인이자 당대 최고 발라드 가수들의 노랫말을 쓴 히트 작사가 원태연의 첫 필사시집. 신작 시부터 오래 사랑받은 대표 시까지, 사랑과 위로의 시 100편을 모았다.

값 14,800원

북로그컴퍼니는 도네이션 소사이어티를 지향합니다.
이 책은 출판사 수익의 일부를 사회단체에 기부합니다.

ISBN 979-11-6803-026-8 13190